INV. RÉSERVE
Q 438

(Réserve.)
2.754.
1.

738

CATALOGUE
DE
LIVRES D'ESTAMPES
ET DE FIGVRES EN TAILLE-DOVCE.

Avec un denombrement des Pieces qui y sont contenuës.

Fait à Paris en l'année 1672.

Par M. DE MAROLLES, Abbé de Villeloin.

In imagine pertransit homo. Pf. 38. 7.

A PARIS,
De l'Imprimerie de IACQVES LANGLOIS,
Fils, rue Galande, proche la Place
Maubert, à l'Image S. Iacques
le Mineur.

M. DC. LXXII.

CATALOGVE
DE LIVRES D'ESTAMPES
& de Figures en Taille - douce.

Avec un denombrement des Pieces qui y sont contenuës.

Fait à Paris en l'Année 1672.

Imago enim est & opus est. Sap. 13. 16.

SECOND DENOMBREMENT

Des Livres de Figures & d'Images choisies pour l'ornement de quelque grande Bibliotheque, depuis ceux qui furent mis au Cabinet du Roy en l'Année 1667.

IL sera fait mention dans ce denombrement de 237. Volumes in-folio de diverses grandeurs, pour preceder l'Histoire des Peintres & des Graveurs, que l'on s'est proposé d'écrire, & de donner au Public dans son temps, selon les memoires qui en sont tout prests, & que l'on a dressez avec soin.

Ce second Recueil d'Estampes s'est fait

A ij

depuis le Catalogue du premier qui parut en l'année 1666. On n'y a rien negligé, & la recherche en a esté soigneuse. Il est aussi nombreux que l'autre, bien qu'il y ait moins de volumes, & comprend plus de cent mille pieces differentes d'une excellente beauté, du moins pour les Livres principaux: Car il ne faut pas s'imaginer qu'ils soient tous également considerables, ni de Maistres également sçavants. Il y a plus de dix mille cinq cent de ces pieces en crayon, ou de desseins à la plume, contenus en trente volumes, qui en feroient plus de soixante, si toutes ces pieces là n'y estoient bien arrangées. Quelques-unes à la verité y sont legerement touchées, & mesmes elles y sont imparfaites de la main des Maistres; mais aussi quelques autres s'y trouvent-elles finies exactement: les vnes qui n'ont jamais esté gravées, d'autres qui l'ont esté, plusieurs apres des tailles douces, & beaucoup que l'on peut appeller des études, telles qu'il s'en voit souvent des Peintres les plus fameux. Il y a des pieces d'Architecture pour des portiques, des corniches & des festons, avec des representations de Temples, de Palais, de Fontaines artificielles, de Sepultures & de Tombeaux. Il y a des ornements de Frises, de Bases, de Colomnes & de Chapiteaux: on y a dépeint des Statuës, des Animaux, des Poissons, des Oyseaux, des Vases & des Fleurs. Il y a des desseins de Vitres, des Histoires, des Paisages au naturel & des Portraits, Quelques-uns desquels sont mesme en huile sur de la toile: Mais il y en a peu de ceux-là, & beaucoup en crayon de la vieille Cour, & particulierement des Regnes de Henry II. & de ses Enfants, de la main de François Ianet, ce Peintre si fameux qu'a tant celebré dans ses Vers le Poëte Ronsard, parmi plusieurs autres, où il s'en voit aussi des Ducs de Bourgongne vestus & dépeints d'vne maniere antique.

Quelques-unes des autres pieces dessinées à la main, & disposées selon les divers sujets, sont aussi de couleurs diverses, sans parler de celles qui sont à la plume, des Histoires Saintes & profanes; les premieres en beaucoup plus grand nombre que les secondes, lesquelles portét les noms de Calot, qui en a fait plus de 60. de sa main, d'Herman Muller, de Carrache, de Francesco Primaticio de Bologne, dit l'Abbé de S. Martin: Mais celles-cy sont jettées dans les œuvres de ces Maistres. Et, entre les noms qui se trouvent dans les trente autres volumes de Crayons, sont particulierement ceux-cy; Brandini, le Palme, le Padoano, Alessandro Casolano de Sienne, Podernone, Ieronimo Moro, Paul Veronese, Titien, Nicolo, Passaroto, Valentin, Perrin del Vague, Paul Farinat, François Vanius, le Parmesan, Camille Pocacin, Barroche, Bassan, André del Sarte, André Schiavone, Friderico Zuccha-

10, Maestro Livio, Battista Mola, Agostino Carracio, Muciano, Pietro Chetone, Antonio Tempesta, Prospero Bressano, Francesco Salviati, Ioseph Assinas, Maistre Roux Florentin, Philippe Neapolitain, Polydore, le Dominicain, Pietre de Cortone, Viescino, Baccio Bandinelli, Lucas Cangiage, Passignano, Domenico Fiorentino, Bernardo Castello, Ludovico Carracio il Valesio, Fra. Bastiano del Piombo : Sinibaldo Scorza, le Guerchin : le Sivoli : la Bella : Francesco Guerriti : Pomerange : Semonette : Martin de Vos : Martin Hemskerck : Egidius Coninx : Vanbejung : Nicolas Van Aelst : Iaques Kining Aleman : Rubens : Franc Flore : Hierosme Vvirix : Abraham Bloëmar : François Pourbus, Pieter Van Aelst : Adrian Veronese : Lucas Penis : Suavius : G. Stacker : Tiner : Perné : Van Mol : François de Verneüil : Luxuderi : Nicolas Loir : Pierre Biar : Bellange : L. Guyot : Magdelaine Herault : Augustin Quesnel : Semonette : Iaques Stella : Claude Vignon : Georges l'Aleman : Nicolas Cochin : Simon Vovet : A. Iamont : Daret Peintre : Sebastien Bourdon : Constant Bourgeois : Antoine Caron : Iacob Bunel : Corneille & Giles Langlois : Courtois : Martin Freminet : André Bertrand de Metz : Pierre Brebiette : Toussain : Toussaint du Breüil : Baudimars : Iean Cousin : Sejere : Paris : Isaac Ioubert : Des Pesches : Bernier : Benier : Iaques Boucher : Iacques

Ninet: S. Igny: Iaques Blanchar: Daniel Rabel: Iaques Sarasin: Maistre Raimont: Iaques Androüet du Cerceau: Maillet: Ponlongne: la Hire: François Chauveau: Iean de Moyvre de Vitry: Simon François: Maistre Paul: Iean Chenu: Geofroy, Daniel & Pierre du Montier: Martin le Bourgeois: Laneau & autres.

Tout cecy n'est point dans la Bibliotheque du Roy: Et, des autres pieces, dont nous avons à parler, il y en a beaucoup de tres-rares que je n'ay jamais vuës, & qui se trouveroient ailleurs mal-aisement, tirées en partie du Cabinet du R. Pere Henry de Harlay de l'Oratoire, personne de qualité & d'vn nom celebre, qui depuis sa retraitte dans l'Oratoire, où il mourut en l'année 1667. s'estoit donné plus de 120. volumes de ces sortes de Livres, parmy beaucoup d'autres curiositez qu'il avoit; & en partie d'vn Recüeil nombreux & de pieces parfaitement bien choisies, que s'estoit donné avec de si grands frais feu M. Delorme, qui s'estoit signalé en ces choses là entre tous ceux de son temps, apres Monsf. Maugis Abbé de S. Ambroise, & le Sr. Kerver, qui y firent également des dépences considerables. Ce M. de Lorme n'avoit rien laissé eschapper de tout ce qu'il avoit pû recueillir de plus beau des deux autres. Et apres sa mort, nous tirasmes de son prodigieux amas, pour la premiere fois, jusques à vne

A iiij

somme de mille louys d'Or, ce qui est entré dans la Biblioteque Royale: Et pour la seconde fois, nous prismes le reste également bien choisi, pour six cent louys d'Or, quoy qu'il fust estimé le double, au dessous neantmoins de ce qu'il avoit cousté au defunt. Mais les temps difficiles pour le debit de ces sortes de choses, avec le credit de nos amis, nous le fit avoir à meilleur marché. A quoy neantmoins il en a encore esté adjoûté d'ailleurs pour parfaire les œuvres des Maistres, sans prevoir assez les mauvais payemens que chacun reçoit de ses biens, depuis quelques années. D'où vient que je me suis apperceu que ie devois enfin renoncer à vne curiosité aussi aymable que celle-là, & qu'il n'est pas juste aussi que je garde plus long-temps vn meuble si precieux, lequel sera beaucoup plus propre à d'autres. D'ailleurs, comme ie ne suis plus jeune, & que ie ne voy personne dans ma famille qui s'en puisse servir vtilement, tous mes Neveux faisant profession des Armes, & ne cherchant point d'autres emplois que dans la Guerre pour le service du Roy; ie laisserai à d'autres, si ie puis, l'usage de mes Livres, & particulierement de cette sorte de Biblioteque, qui ne seroit peut-estre pas indigne d'estre encore mise dans le Cabinet du Roy, pour augmenter le nombre & le merite de la premiere, où les pieces doubles mesmes ne seroient pas inutiles, parce qu'il s'y trouve tousiours de la difference,

DE LIVRES D'ESTAMPES. 9
& que l'arrangement qu'on y apporte, les met souvent en vn jour plus avantageux, qu'elles n'estoient auparavant quand les sujets divers ne le feroient pas, ainsi qu'on ne peut nier qu'ils ne le fassent par la raison des combinations qui sont infinies, & qui constituent des varietez sans nombre. De là vient que presque tous les Curieux se vantent tant d'avoir des choses singulieres, preferant leurs inclinations à tout ce que les autres possedent dans un genre pareil, enquoy certainement ils ont quelque fondement, quoy qu'ils n'en doivent pas estre tousiours creûs, comme il n'est pas aussi necessaire de choquer tousiours leur esprit pour les choses qu'ils ayment le mieux, & qu'ils ont souvent tant de raisons d'aymer.

I'ay disposé ce Recueil avec toute l'industrie & toute l'application dont i'ay esté capable, & dans le plus beau papier que l'on a pû choisir pour y reüssir, estant pareil à celuy où les pieces du premier ont esté mises depuis que ie m'en suis defait. Les œuvres des Maistres sont à part en 104. Volumes, & celles des sujets avec les crayons en 133. C'est à dire deux volumes de places & de fortifications: deux d'Entrées de Villes, de Triomphes & de Cavalcates : trois autres d'Armoiries, trois d'Animaux : deux de Fleurs & de Iardinages: vn de Vases & de Fontaines artificielles : huict d'Architecture : deux de Bastiments : vn d'Orfevrie & de Menuise-

A iiiij

rie, vn de Broderie : vn de Cartouches : vn de Balets : deux de Bas reliefs antiques : vn des Arts Liberaux & Mecaniques : quatre de Païsages : dix de figures de la Bible & de divers Saints : six des Anachorettes & des Ordres Relligieux : quinze de pieces & de figures Emblematiques & de Devises : trois de Bouffonneries : vn d'Enfants : vn de Ieux de hazard : un de Ruines : vn de Caracteres & de Hierogliphiques : vn d'excices Militaires : vn de Vaisseaux & de choses Maritimes : douze de Portraits antiques & modernes, d'Empereurs, de Papes & de Cardinaux : un des Roys & des Princes de la Maison de France : un de la Maison d'Autriche : un autre d'Angleterre : un des Princes d'Alemagne : un de la Maison de Nassau : deux des Princes d'Italie : deux des gens de Lettres : vn des Medecins & des Iurisconsultes : vn des Peintres, & douze de pieces meslées.

Nous ferons maintenant le denombrement des pieces contenuës dans les Livres, premierement selon les œuvres des Maistres, & en second lieu selon les matieres & selon les divers sujets que nous avons dé-ja marquez.

Les œuvres de Maistres.

Ie les marqueray icy sans ordre, selon que les Livres se presenteront, sans avoir égard au merite, ni au temps que les Maistres ont vescu, ce que ie reserve pour l'Histoire que ie destine sur ce sujet, si ie ne juge plus à propos de la conduire par l'ordre des Nations, ou par celuy des lettres de l'Alphabet, afin que chaque chose se trouve plus aisément, & de peur aussi que si ie voulois avoir égard au merite de chacun, pour marquer le rang qui luy est deub, ie ne m'exposasse au danger de m'y méprendre, ce que ie pressens desia, m'estre une raison bien forte pour incliner plustost du costé de l'ordre Alphabetique, que du costé du merite des Ouvrages, ou du costé des temps que les Maistres ont vescu dans les diverses Nations.

Touchant le dessein que i'ay presentement de faire simplement vn Catalogue des pieces contenuës dans ce second Recueil qui s'est fait, ie n'ay plus rien à dire, sinon que ie pense devoir avoüer, que pour les œuvres de Marc Antoine, & d'Augustin Venitien, aprés Raphaël, & pour celles du Parmesan, de Iules Bonasone & des Carraches, aussi bien que pour celles d'Albert Durer & de Lucas de Leyde, en taille-douce, nous ne les avons plus à la verité si parfaites que celles que nous avions la premiere fois, mais que pourtant nous en avons quelques pieces considerables; & que pour les œuvres de Sylvestre de Ravene, de Calot, de Rubens, de Rhimbrand, de Bloëmar, de Baptiste Franc, de Georges Mantuan, & presque de tous les autres Maistres, nous les avons dans leur perfection.

A vj

Albert Dvrer en Bois. I.

Ce Livre de 222. pieces est d'vne grande beauté, où, avec la Vie de la Vierge, la grande & la petite Passion, & mesme celle de Marc Antoine en Taille-douce, sont compris l'un & l'autre Triomphe de l'Empereur Maximilien, c'est à dire celuy de 1515. avec toutes ses Batailles & les Portraits des Empereurs, Roys & Princes de sa Maison, & autres qui l'avoient precedé, qui est vne piece rare, & d'vne grandeur extraordinaire, quand elle n'est point separée: & l'autre de 1523. où Maximilien est dans vn Char tiré par douze Chevaux attelez deux à deux, par des Figures Emblematiques, & tout le reste qui est d'un choix merveilleux.

Albert Dvrer en Taille-Dovce. II.

Il y a les 104. pieces Originales qui ne sont pas icy dans vne grande perfection, mais dont aussi quelques-unes sont passables ; & la Vierge tenant son Enfant assise sur le Croissant, est vne piece si rare, que ie ne l'ay point veuë ailleurs. Il y a encore 38. pieces gravées apres les desseins de cét Autheur, avec son Portrait de quatre façons, & vingt copies. En tout 162. pieces.

Lvcas de Leyde. *ibid.*

Son œuvre icy en Taille-douce & en taille de bois, avec ses Portraits & ses copies, consistent en 224. pieces, dont plusieurs sont bien conditionnées.

DE LIVRES D'ESTAMPES.

LES MAISTRES AVX CHANDELIERS. *ibid.*

C'est à dire D. HIEROSME & LAMBRECHT HOPFER, ont fait plusieurs pieces de leur invention, & quelques-unes apres Albert: car il n'est pas croyable qu'Albert les eust choisis pour luy servir de modelle. Leur œuvre qui est icy d'vne grande beauté, consiste en 225. pieces, entre lesquelles sont des Portraits tres-rares.

III.

MARC ANTOINE & AVGVSTIN VENITIEN.

Les œuvres de ces deux Maistres iointes ensemble, avec peu de copies, consistent en 461. pieces, dont plusieurs sont considerables.

SILVESTRE DE RAVENNE. *ibid.*

Consiste en 62. pieces d'une grande beauté, allant indubitablement au delà de celles qui sont dans la Bibliotheque Royale; & sont venuës du Cabinet du Sieur de Lorme. Son œuvre est apres les desseins de Raphaël.

IVLES BONASONE. IV.

Il y a de cét Autheur 145. pieces avec ses Portraits d'une grande beauté, où sont joints les Autheurs suivants.

Camille Porcacin, six pieces.

Pompeo Aquilano, 7. pieces.

Ventura Salimbene, & Vespasien Strada, 22. pieces.

Hypolitus Scarsselinus de Ferrare. 1.

Antonius Maria Vianus de Cremone. 1.

Martin Rota, 22.

Les Bassans. 54.

Andrea Boscoli Fiorentino. 19.
Ioseph de Ribera, dit l'Espagnolet, 11.
Odoard Fialetti avec son Portrait, 42.
Ligotius, 6.
Leonardo de Vinci, 32. en tout 368.

V.

De Baptiste Fontane, de Baptiste & de Marc del Maro, il y a 42. pieces considerables De Bernardo Castello, 20.

Il y en a de Baptiste Franc 124. d'vne grande beauté.

De Georges Mantuan & de Diana Mantuana, il y en a 113. d'une beauté nompareille, où sont le grand Iugement de Michel Ange, & la grande Bacchanale antique.

VI.

Eneas Vicus de Parme, qui a fait plusieurs ouvrages considerables, apres François Parmesan, Michel Ange, Raphaël, & autres grands Maistres, a fourni 55. pieces choisies dans ce Recueil.

Bernardin Passarot, qui vivoit en 1582. n'y en a mis que sept, où sont entre-autres d'vne grande beauté les Nopces d'Isaac & de Rebecca, apres le Peruci.

Il y en a 3. de Iaques Bosius le Flamen. Six de Raphaël de Regge, 50. de Nicolas Beatrice Lorrain qui en a fait de si considerables apres Raphael d'Vrbin.

André del Sarte l'a enrichi de 38. pieces.

Paul Farinat, de douze.

Iaques Tintoret de 20. & Paul Veronese.

DE LIVRES D'ESTAMPES.

de 20. qui font en tout plus de 200. pieces.

VII.

François Parmefan dont l'œuvre qui eft icy ne peut égaler celle de la Biblioteque Royale, confifte neantmoins en 195. pieces, entre lefquelles il y en a quelques-unes de confiderables, avec le Portrait de l'Autheur.

De Dominique Florentin & de Maiftre Roux de Florence, il y en a 88.

De Polydore, 87. pieces.

De Frederic Barroche, 15. pieces, en tout 385.

VIII.

François Villamene, fon œuvre d'une grande beauté confifte dans ce Recueil en 187. pieces.

Il y en a 2. de Iean Paul de Pife.

Les 2. Thefes pour le Pape Paul 5. l'une copie, & l'autre Originale, de la maniere de Villamene, lefquelles font fi rares.

François Vanius de Sienne, 40. pieces.

George Vafari, 4. pieces, & encore 13. pieces apres Marc Antoine, attribuées à Villamene, en tout 247. pieces.

IX.

Corneille Cort de Harlem qui a travaillé fi long-temps & fi bien en Italie, où il mourût à Rome en 1578. a fait vne œuvre confiderable, dont nous avons icy recueilli 134. pieces.

Cherubin Albert qui a fait tant de belles chofes apres Raphaël, Michel Ange & Polidore, 140. pieces, en tout 274.

X.

Antoine Tempeste, son œuvre consiste en plusieurs figures divisées en deux Tomes; le 1. où sont les plus grandes contenant 252. pieces.

XI.

Le second où sont les Histoires, les Chasses, les Batailles & les Animaux, contenant 1286. pieces.

XII.

Bernardin Capitelli de Sienne, 66.
Michel Ange Caravage, 4.
Le Guerchin, 53.
Raphaël Schiaminose, 93.
Iaques, Palme 84.
Charles Sarasin, Iaques Paul de Pise, Bernardinus Passarus, Andreas Marcellus, l'Albane, & autres 25. en tout 325.

XIII.

Antoine Correige, 31.
Guido Rheni, dit le Guide, 126.
Ioseph Cæsar Arpinas, dit Ioseppin, 22.
Benedette Castalione de Gemes, & autres Maistres d'Italie, 81. en tout 288. pieces.

XIV.

Iaques Calot, avec plusieurs pieces de sa main à la plume; celles qu'il a faites pour l'Histoire de Florence, & sa tentation de S. Antoine, qui est si rare, que ie ne sçai pas s'il y en a encore un autre exemplaire dans Paris, parce qu'il n'y en a jamais eu plus de trois, a fait une œuvre nombreuse dont nous

DE LIVRES D'ESTAMPES.   17

avons icy recueilli jusques à 1218. pieces, & l'on peut croire que c'est la plus belle qui se soit vuë jusques à present, quoy qu'il y en ait de tres-considerables au dessous de celle de la Bibliotéque Royale.

XV.

Abraham & Corneille Bloëmar pour leur œuvre complette, & d'une beauté singuliere, jusques à 432. pieces.

XVI.

Henry Goltzius, dont l'œuvre exquise & choisie dás la perfectiõ, est icy de 358. pieces.

XVII.

Les restes du mesne Golztius, & de l'un & de l'autre Bloëmar, avec quelques pieces de pierre de Iode, jusques au nombre de 360.

XVIII.

Les Sadelers, c'est à dire Iean, Raphaël & Gilles Sadeler, sans y comprendre leurs Païsages, mais seulement leurs Histoires & figures Emblematiques, 395. pieces.

XIX.

Les mesmes Sadelers, pour leurs Païsages au nombre de 703. estant joints à quelques autres de Hondius, de Saveri, & de Stephani.

XX.

Le jeune Sadeler dont l'œuvre consiste en 591. pieces.

XXI.

Gilles & Iean Sadeler pour leurs Portraits, dont quelques-vns sont si chers & si rares, en ont fait pour ce recueil 160. y comprenant les Empereurs & les Imperatrices apres Titien.

Henri Goltzius pour ses Portraits, avec quelques autres, 172.

Les Portraits du Padoüan, de Rubens, de Bloëmar, & de quelques autres d'une grande beauté, & dont aussi quelques-vns sont tres-rares, 58. pieces.

Les Portraits de Vvirix, 69.

Ceux de Iaques de Heïdem, & de Rhimbrand, avec les sept pieces de Gout. 40. En tout 482.

XXII.

Les œuvres de Rhinbrend, Van-Vlief, Ostade, Visscher. Iean-Lives, d'une beauté singuliere, nous en donnent 533.

XXIII.

Estienne la Belle de Florence. 1048.

XXIV.

Simon Vovet Peintre excellent, avec un Livre de divers Maistres, 212. pieces.

XXV.

Il y a deux Tomes de l'œuvre de Rubens, le plus petit de 134. pieces.

XXVI.

Les grandes pieces de Rubens, au nombre de 255. Là, sont aussi les grandes pieces de Nicolas de Bruyn, au nombre de 86. en tout 321.

XXVII.

Claude Mellan, dont toutes les pieces ont esté choisies avec un grand soin, au nombre de 342.

DE LIVRES D'ESTAMPES.

XXVIII.
Abraham Bosse, dont l'œuvre si variée consiste en 598. pieces.

XXIX.
Vvenceslas Hellar, dont l'œuvre consiste en 959. pieces.

XXX.
François Perier, & Michel Natalis, composent en tout 358. pieces.

XXXI.
Robert Nanteüil, qui fait si heureusement ressembler dans ses Portraits en a fait pour ce recueil jusqu'au nombre de 192.

XXXII.
Corneille, Philippe & Theodore Galle, pour 617. pieces.

XXXIII.
Le Titien, Iules Romain, & François de Bologne, dit l'Abbé de S. Martin, où sont plusieurs pieces rares, & quelques-unes sont en crayon, le tout au nombre de 709.

XXXIV.
Annibal, Augustin & Louys Carrache, avec quelques Edifices Romains, antiques & & modernes, au nombre de 572.

XXXV.
Michel l'Asne, dont l'œuvre consiste en 448. pieces.

Gregoire Huret en a fait plusieurs, dont nous avons icy recueilli 379. en tout 827.

XXXVI.
Guillaume Peeur pour les grandes pieces

qu'il a faites apres Rubens, avec d'autres grandes pieces de Vischer, Breenbeg, Rubens, Hondius, Suyderhoef, & autres, au nombre de 141.

XXXVII.

André Manteigne, dont l'on a icy mis 46. pieces considerables, accompagnées de plusieurs autres grandes de divers Maîtres excellens, tous les noms desquels ne sont pas marquez, le tout au nombre de 242. Là, se voit une excellente Figure d'vn grand Prestre en clair obscur.

XXXVIII.

Piettre de Cortonne, 50. pieces.
Le Dominicain, 28.
Salvator Rosa, 84.
Pietre Teste, 50.
Autres grandes pieces de divers Maîtres, au nombre de 36. entre lesquelles il y en a 5. tres-grandes de Charles le Brun, qui font en tout 243.

XXXIX.

Raphaël d'Vrbin, dont l'œuvre distribuée en deux Tomes, est composée de divers Maîtres, le 1. volume contenant 349. pieces.

XL.

Le second Tome de cet excellent Peintre composé comme le premier, est de 394. pieces.

XLI.

Michel Ange, son œuvre également composée de divers Maistres, est de 253. pieces.

Iean Baptiste de Cavalleriis, en a fait 32.

Et il y en a 19. de Kartarius & de quelques autres Maitres en tout 294.

XLII.

Giles Rousselet, dont l'œuvre que nous avons de son invention, & de ce qu'il a gravé, & si bien dessigné apres d'excellents Maistres, consiste en 231. pieces.

Celle de Iaques Stella, de son Neveu & de ses Niepces, qui sont des personnes si vertueuses, consiste en 430. pieces, où est la Vie de Saint Philippe Neeri, en tout 661.

XLIII.

Israël Silvestre, & AF. Vander Meulen, le premier dont l'œuvre est de 493. pieces, & du second il n'y en a que 8. en tout 501.

XLIV.

Ce Livre contient les œuvres de Nicolas & de Pierre Mignard, consistant en 46. pieces.

Celle de Charles Erard en 40.

Celle de Nicolas Pitau en 25.

Celle de Pierre Vanscupen en 22.

Avec des pieces de Vischer, de Bloteling, de Voët le jeune, & de Iean Thomas, d'Estienne Picard, de François Spierre, & de Guillaume Vallet, en tout 162. pieces.

XLV.

Le Chevalier Belange. Ce que nous avons de son œuvre est de 49. pieces.

Trois portraits de Henry Goltzius.

De Philippe Champagne 97. pieces.

De la Platte Montagne 5.
De la Famille de M. de M. 5.
De François Chauveau qui a tant d'invention 635. en tout 824.

XLVI.

Iean le Postre, dont l'œuvre est si brillante & si variée, consiste icy en 590. pieces.

XLVII.

Antoine Vandyck, Peintre fameux a fait plusieurs pieces considerables, outre ses Portraits qui sont en grand nombre, en ayant recueilli des unes & des autres d'une beauté singuliere, jusques à 253.

De Iaques Iordaens, autre Peintre excellent 22.

D'Erasme Quellins. 77.
De Gerard Segers. 48.
D'Abraham Diepenbeck. 67.
De David Vinckboons. 22.
D'Egbert de Panderen, Philippe Fruiters, Rychmans & Svvanenbourg, 43. en tout 440. pieces.

XLVIII.

L'œuvre d'Adam, de Schelde, & de Boëce, de Bolsvvert, est remarquable pour sa beauté, & consiste en 270. pieces.

Celle de Lucas Vostermans, qui est un excellent Graveur, en 144. pieces.

Celle de Paulus Pontius, en 90.
Celle de Pierre Soutman, en 73.
Celle de Pierre Balliu en 32. en tout 519. pieces.

XLIX.

Gabriel, Adam & Nicolas Perelle qui ont fait tant de beaux Païsages, ont icy fourni une œuvre de 538. pieces.

François Poilli 46. Nicolas Poilli 42. avec quelques-vnes de Chasteau & de Hedelinck, en tout 632.

L.

Nicolas Poussin, l'un des plus grands Peintres du siecle, a donné sujet aux 38. pieces que nous avons recueillies de luy.

Charles le Brun, autre Peintre si fameux, en a fait plusieurs tres-considerables, & nous en avons recueïlli jusques à 113. y comprenant les cinq qui sont dans vn plus grand Volume, & que l'on n'a pû ranger icy.

Sebastien Bourdon, dont les œuvres assez connuës consistent dans ce Livre en 57. pieces, en tout 204.

LI.

Hierosme, Iean & Antoine Wirix ont fait un grand nombre de pieces, & nous en avons mis dans ce seul Liure sans y comprendre celles qui sont dans le Natalis, 741.

LII.

Martin de Vos, qui estoit si plein d'invention, & dont il a tant fourni de matiere aux plus excellents Graveurs de son temps, nous a donné sujet de recueillir son œuvre, contenuë dans ce volume au nombre de 489. pieces, où sont les Hermites de Sadeler.

CATALOGUE

LIII.
Pour la continuation de l'œuvre de Martin de Vos, 613. pieces.

LIV.
Iean Stradan de Flandres, Academicien de Florence; son œuvre qui est icy d'vne grande beauté, avec ses Chasses, consiste en 388. pieces.

LV.
Martin Hemskerck, le Raphaël des Hollandois, & que l'on appelloit ainsi à cause de ses belles inventions, a fait vne œuvre considerable, elle consiste en 580. pieces

LVI.
Iaques & Theodore Matham, leur œuvre est de 213. pieces.

LVII.
Pietre de Iode, Antoine Blocklant, Van Thulden, Baliu & Pomels Disciple de Rubens 440. pieces.

LVIII.
Corneille Schut, Iaques de Ghein, Otho Venius, Corneille de Harlem, Vvert, Huberti, Dominique Custos & Gilis Mostaert, 758. pieces.

LIX.
David Teniers, Ruast, Baurur, Corneille, Polembourg, & quelques autres, 496. pieces.

LX.
Franc Flore, Corneille Flore, Pierre & Iean Breugle, Hierosme Bos, Lucas Penis, Philippe Thomassin & Hierosme Cock, pour 511. pieces.

DE LIVRES D'ESTAMPES,

511. pieces presque toutes de la seconde & de la premiere grandeur.

LXI. & LXII.

Crispin, Crispiaen, Simon, Guillaume, Magdeleine & Barbe Passe, dont l'œuvre compose deux volumes, le 1. contenant 316. pieces, & le second 579. en tout 895. sans les figures du Maneige Royal de M. de Pluvinel.

LXIII.

Ganiere, Roussel, Vanlochon, Langot, Patigni, &c. 131. pieces.

LXIV.

Michel Dorigni, 105. pieces.

LXV.

Iaques Humbelot, Iolain 108. pieces.

LXVI.

Pierre Firens, Viennot, Matthieu, Nicolas de Son. 277.

LXVII.

René Lochon, Frosne, Larmessin, Michel Mosin, Vanmol, Charpignon, Iaques Grignon, Claude Goyrand, 181. pieces.

LXVIII.

Charles & Hierosme David, 123.

LXIX.

Pierre Sealberge, Theodore Van Merlen, Guillaume Faïtorne, Iean Couvai, 227. pieces.

LXX.

Iean Picard, Iaspar Isaac, Nicolas Regnesson, Edme Moreau, 188.

B

LXXI.
Herman, Fouquier, Claude le Lorrain, 152.
LXXII.
Iaques Androüet du Cerceau, 613.
LXXIII.
Ferdinand, Iuste d'Egmont, Ieremie Falck, Zarneko, 186.
LXXIV.
Thomas de Leu, Leonard Gaultier, 639.
LXXV.
Pierre Daret, 216. pieces.
LXXVI.
Les Portraits du mesme, ceux de Moncornet, de Pierre de Iode & autres, jusques au nombre de 1028.
LXXVII.
Iean Van Velde, 296.
LXXVIII.
Iean Marot, Barbet, Adam Phelippon, Iaques du Cerceau, 538.
LXXIX.
Henry de Cleves, Hans Bol, Païsages, 250.
LXXX.
Antoine Vvaterlo, H. Naivvixex, Sebastien Vranx, Iean Bruegel, Albert Flamen, Clariclius, Claude Gelée dit le Lorrain, Rhimbrand, Reinier Zeeman, Pieter Nolpe, Nieulant, Paul Bril, pour leurs Païsages, 292. pieces.
LXXXII.
Martin Freminet, Toussaint du Breüil, Eustache le Sueur, Iaques Blanchar, Lau-

rent la Hire, Robert Picou, Iaques Sarafin, 175.

LXXXIII.
Karles Audran, Iean Boulanger, Pierre Lombard, Antoine Maſſon, Louys Coſſin, 130.

LXXXIV.
Pierre Landry, Nicolas Loir, 99.

LXXXV.
Barthelemi Sprangers, Herman Muller, Corneille Van Dalen, 121. pieces.

LXXXVI.
Claude Vignon, Georges l'Aleman, S. Igny, Pierre Biard, Nicolas de la Faye &c. 408.

LXXXVII.
Iean Morin, la Platte Montagne, Frere Luc Recolet, 121.

LXXXVIII.
Daniel Rabel, Sebaſtien Veüillemont, Michel Corneille, Chappron, Perret, Claude Maugis Abbé de S. Ambroiſe, 254.

LXXXIX.
Pierre Brebiette, Nicolas Cochin, Antoine Richer, 664.

XC.
Nicolas de Bruin, ſes païſages, 65.

XCI.
Lucas, Vvolfangus & Barthelemi Kilian, Ioſſe de Momper, Adam Elsheimer, Iean Maubuſe, & Paul Moreelſe, dont les œuvres recüeillies dans ce Volume contiennent 316. pieces.

B ij

XCII.
Iean l'Enfant Disciple de Mellan 116. pieces.

XCIII.
Le clair obscur fait dans son espece partie des œuvres d'Abraham Bloëmar, Iaques Stella, Georges l'Aleman, Henry Goltzius, Albert Durer, Raphaël d'Vrbin, où entre autres il y en a une tres-rare faite par Cretein, Parmesan, Michel Ange, André Manteigne, Andrea Andreatio de Mantouë, Coriolan, Luvin, Barroche, Titien, Louys Bijssinck, Montenat apres Vovet, Vanius, Ligosse de Verone, Lucas Cranis, le Guide, Iules Romain, Giauseppe Scolario Vincentino, Dorigni, Morcelse, Polidore Caravage, Burgmair, Lucas Cangiage, Sebalde Beems, & autres, outre vingt pieces de desseins tres-achevez, en tout 494.

Les petits Maistres, & les vieux Maistres, consistent en onze Volumes.

XCIV.
Hans Holbeins, Benedette Montagne, Dominique Campagnole, le petit Albert, Pierre Vvoveriot, à quoy sont adjoûtées les pieces d'Edoüard Egman, en tout 504.

XCV.
Henri Alde Grave, Georges Pents, Sebald Beens, Hisbins & autres petits Maîtres d'une grande beauté, de tous lesquels

DE LIVRES D'ESTAMPES. 29
nous donnerons les marques apres les chiffres. Les pieces de ceux-cy au nombre de 866. XCVI.

Virgilius Solis de Nuremberg, Estienne de Losne pere & fils, Iean Theodore de Bry, desquels nous avons recuëilli dans ce Volume 1123. pieces.

XCVII. jusques à CIV.

Ce sont tous Liures de vieux Maistres, de plusieurs desquels on dira les noms apres que l'on aura fait le denōbremēt des pieces qu'ils contiennent. Il y en a donc 400. dans le XCVII. Volume. 1021. dans le XCVIII. 389. dans le XCIX. 389. dans le C. 494. dans le CI. 495. dans le CII. 367. dans le CIII. & 1175. dans le CIV. en tout 4931.

Les figures ou les marques des Vieux Maistres, dont en partie les noms sont connus, & en partie, ils ne le sont pas, comme nous le dirons tantôt.

1. 2.

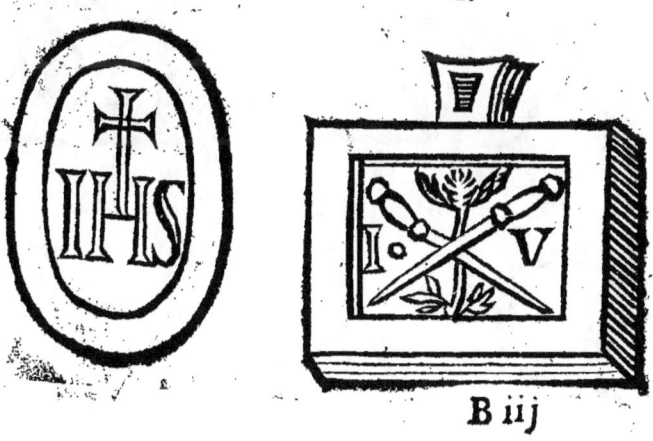

CATALOGVE

3

4

5

6

7

8

9

10

11

12

13

DE LIVRES D'ESTAMPES.

CATALOGVE

DE LIVRES D'ESTAMPES. 35

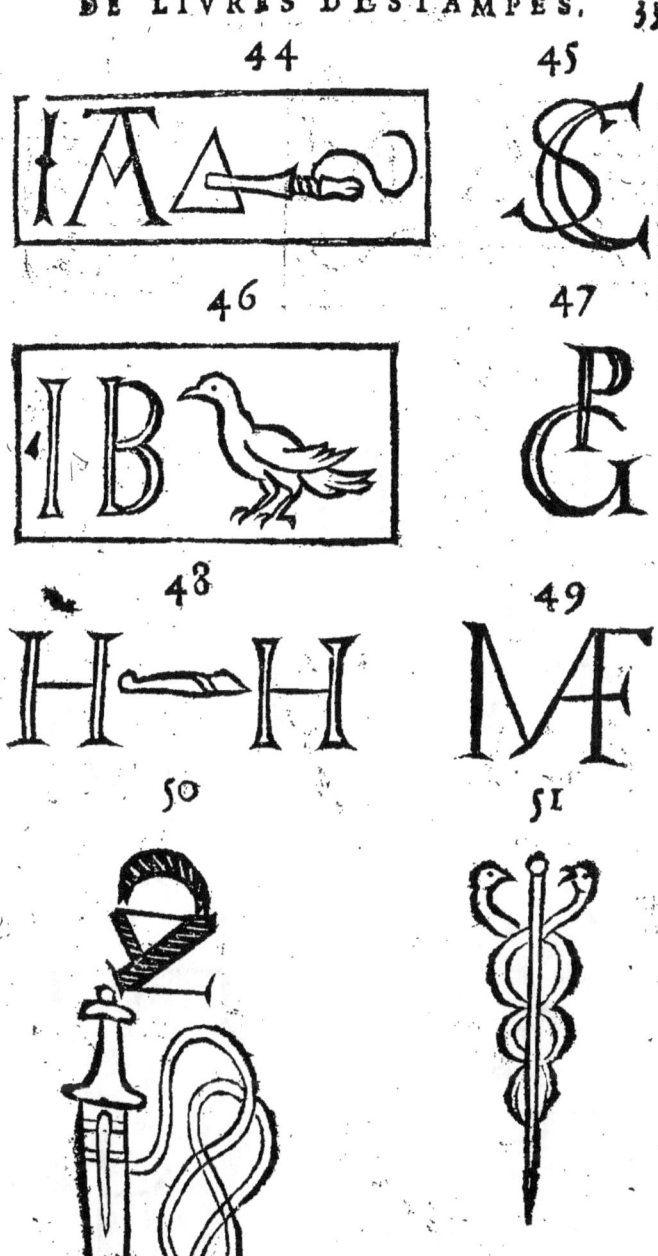

34   CATALOGVE

52

† A M

53

R

54

HERO

55

HB

56

TC

57

M

58

3 A

59

HE

60

61

HP

DE LIVRES D'ESTAMPES.

62   63   64

65   66

66   67   68

69   70   71

72   73   74

75   76   77

B vj

CATALOGVE

78 79

80 81

82 83 84

85 86 87

88 89

DE LIVRES D'ESTAMPES. 57

38 CATALOGUE

105. CER&

106. S·MF

107. VM

108. ʒ wott

109. L K (with jug)

110. (vase with plant)

111. ATR

112. H?L

113. BB

114. IHW

115. (monogram)

DE LIVRES D'ESTAMPES. 39

CATALOGVE

127

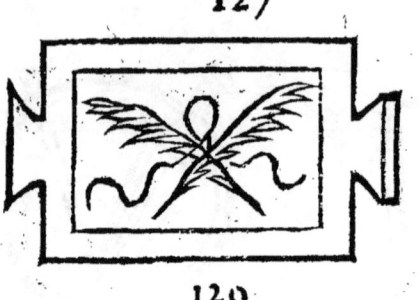

128

129

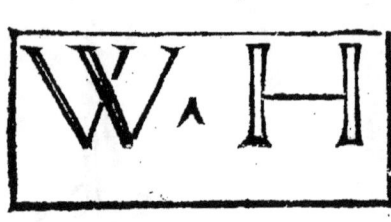

130

131

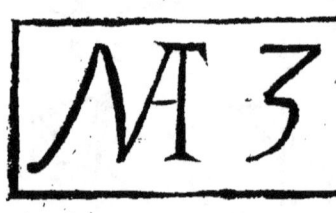

132

133

134

135

136

DE LIVRES D'ESTAMPES.

137 138 139
140 141
142 143
144 145
146 147

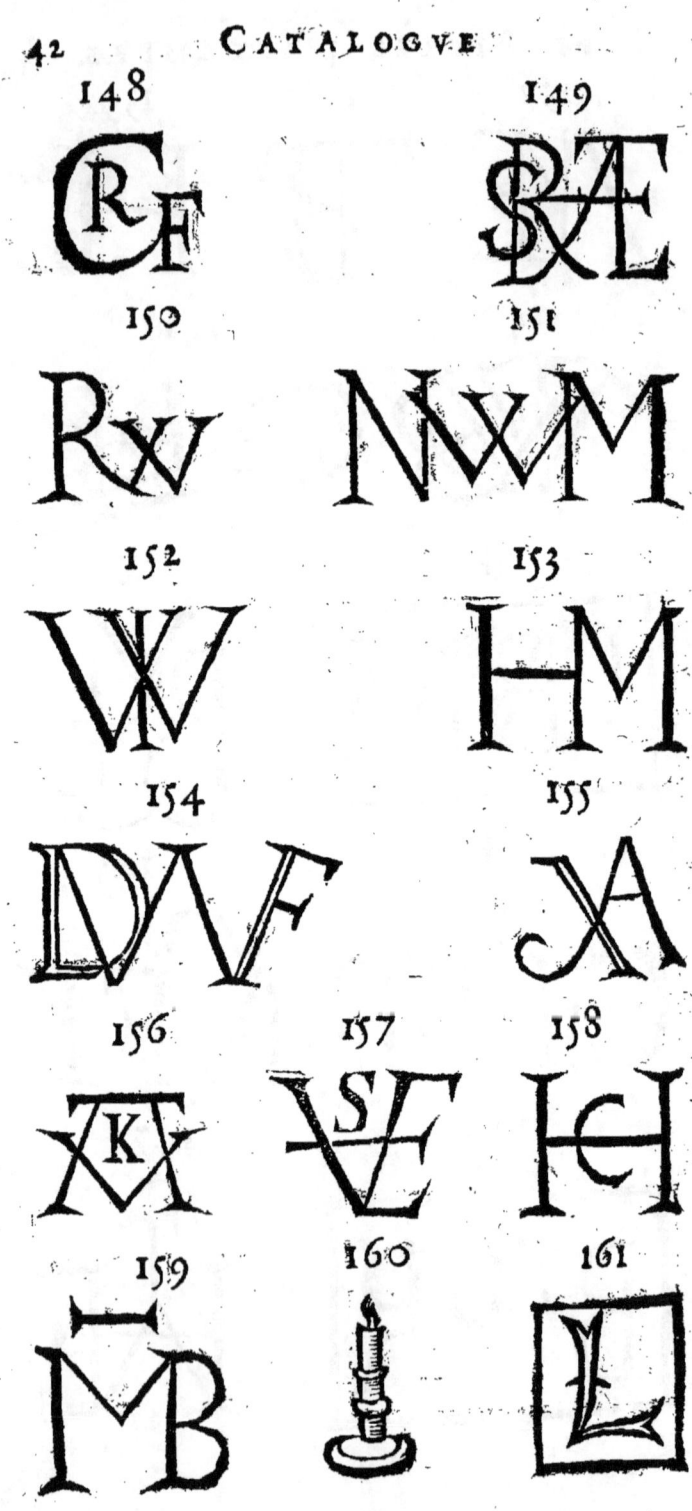

DE LIVRES D'ESTAMPES. 43

162   163

La pluſpart des noms propres de ces Maîtres ſont ignorez; mais entre ceux-là, on fera connoiſtre avec le temps en ſon lieu, qui ſont ceux leſquels ſe raportent preciſement aux chiffres qui ſont mis ſur les marques, ou qui s'y pourroient raporter, comme les noms d'Albert Durer, de Lucas de Leyde, de Marc Antoine, d'Auguſtin Venitien, & de Sylveſtre de Ravenne. Ceux qui s'enſuivent y ont auſſi du raport, à ſçavoir Aldegrave de Vveſtphalie, Georges Pents, Holbeins, Nicolas Beatrice de Loraine, Andrea Andreatio de Mantouë, Hans, c'eſt à dire *Iean* Breſanck, Adam Gamperlin, Ioſt Aman de Zurich, Antoine Crac Aleman, Baptiſte Bambin, Barthelemi & Corneille Bon, Bartholomæus Pinckius, Lucas Caſſel, Chriſtofle Amberger, Corneille Matſis, Hans Scufelin, Tobias Stymer de Schafuſe, Hans Burckmaïr, Hans Been, Hans Balde-Green de Straſburg, Hans Sebalde de Boheme, Hiſpanien Pean, Hans Broſamer, Lucas Met de Craen, Lucas Kriegel, Iſraël de Ments, Cor. Met, Ipſem Martin le Thudeſque, Martin Schom,

Martin Sebon de Colmar, Matthieu Grom de Schafenbourg, Vis Graf de Basle, Hans Vvectelin, Hans Baldunc, Christofle de Sichem, Antonius de Vvormacia, Lucas Cangiage, Adam de Mantoue, Adrian Colart d'Vtreck, Adrian Mar. Virgilius Solis, Iean Kenlertaër, Benedette Montagne, Israel Van Meck, Abraham de Brauu, Guereverdinus, Dorieh Van des Staren, qui est le Maistre à l'Estoile, Dominique Campagnole, Bei Christian Eginolff de Francfort, Didier, Ierosme & Lambrect Hopfer, qui sont les Maistres aux Chandeliers, Martin Zinck, Thomas Cocksonus, A. Brebber, Luick-Ben, Na Dat, c'est à dire, *Natalis Datus*, qui est le Maistre à la Ratiere, les autres se designent par la figure de leurs marques. Et c'est ainsi que l'on dit les Maistres au Nom de Iesus, au Caducée, à l'Oiseau, à l'Ecrevice, à la Sauterelle, à la Ratiere, aux Chandeliers, à la Chandelle qui s'estaint, au Pot, à la Paële, au Pilier fleuri, aux Bourdons Croisez, au Compas, à l'Espagneul, à la Croix renversée, au Dragon ailé, au Navire, à la Navette, au Cranpon, à la Chausse-trappe, & ainsi de quelques autres, quand on en ignore les noms propres : & plusieurs se sont contentez de les marquer par des lettres Capitales, les unes simples & les autres doublées ; dont le nombre est bien grand, & il y en a mesmes qui ont pris une Sentence, ou quelque mot de l'escriture, comme celuy que l'on connoist par ces mots : *quid vultis mihi dare?* J'aurois trop étendu ce denombrement, si i'eusse entrepris d'expliquer toutes les marques des Maistres, que i'ay icy raportées au dessous des chiffres aritmetiques, comme ie me l'estois proposé : mais il en faut reserver l'explication entiere, dans l'Histoire dont i'ay déia parlé, où il sera fait mention de plus de six mille personnes, sans y comprendre les Peintres, les Sculpteurs & les Architectes anciens, dont la vie resserrée sera le sujet des deux premiers Livres, avec un brief discours de l'origine des beaux Arts dont ils ont fait profession. Ce qui s'est fait sans doute, par des recherches assez curieuses, pour venir en suitte à l'Histoire des Estampes, où nul jusques icy, que ie sçache, ne s'est encore appliqué.

LES LIVRES D'ESTAMPES
composez selon les suiets & les diverses Matieres. CV.

LEs Comedies & les Ballets où l'on a joint quelques pieces de Mascarades & de Bouffonneries. Ce Liure de 510. figures, est composé, comme les suivants, de pieces de divers Maistres, celuy-cy en contenant Valerio Spada : Iacomo Torelli : Stephano la Bella, Remigio Cantagallina, Giulio Pariggi, Claude Gelée, dit le Lorrain, Alfonsus Parigius, Vitale Mascardi, Iaques Calot, Iaques de Ghein, Daniel Rabel, Theodore Bernard, David Teniers, Abraham Brauver, Iean Van Vlief, François Chauveau, Nicolas Cochin, Pierre Breugle, Dominique Barriere, David Bagli, Adrian Hubert, Antoine Tempeste, François Collignon.

C V I.

Livre de Tournois, de Comedies, de Magnificences & de Ceremonies, où, sont diverses pieces tirées de la Biblioteque Royale, & des Maistres dont les noms s'ensuivent, Lucas Cranis, Cochin, Collignon, Bernardino Capitelli, Antonio Francesco Lucini, la Bella, Carlo Rainaldi, I. Girardin, Felice Gambraï, Iaques de Veer, Gilbert de Veni, Baptiste Franc ap. Iules Romain, Claude Lorrain, Iaques Callot, Oratio Scardi Fiorentino, Giacomo Torelli di fano, Gio Batta Galestruzzi, Matthieu Kiesel, Rabel où il y a plusieurs desseins de sa main, Maistre Roux, Ant. Drebel, Ioannes Bapt. de Cavaleriis, Iean le Postre, Iaques de Ghein, Robert Boissard, Sebastien Vrank. La Procession de la Ligue en trois façons, Pieter Poter, Gerard de Iode pour le Triomphe Romain de 12. pieces le plus beau qui se puisse voir: Antoine Tempeste, le Grand Seigneur allant à la Mecques, Henri Hondius pour l'entrée de Charles V. avec le Pape Clement 7. à Bologne, Francesco Bertelli pour l'Entrée du Duc de Savoye à Turin. Andrea vincentino pour l'Entrée d'Henry 3. à Venise. Ioannes Guerra de Modene, Ioannes Antonius de Paulis, Ioannes Maggius pour le Conclave Romain, Parafaccus, Ioannes Baptista de Cavaleriis. La séance du Concile de Trente, & autres Ceremonies Papales, Bartholomeo Faletti pour la Ceremonie de l'Agnus Dei: Iean Zarneko, pour la séance des Estats & plusieurs autres, pour 1304. pieces.

CVII.

Autre Livre d'Entrées & Cavalcates de pieces de divers Maistres, & entre autres de Lucas Vostreman, Matthieu Greutter, une Cavalcade Magnifique de l'Empereur Charles V. en 1530, de plusieurs pieces tres-rares: reioüissances rustiques de Hisbins: Guill. Liefring, Christofano Borteno de Rimini, pour le Triomphe de l'Empereur Ferdinand, Claude Bezard: une grande piece Alemande en bois, Cornelius Kittenstenius, Vischer, le Triomphe de la cupidité, Franco Tramazino pour une entrée solennele faite à Rome, qui est une piece rare; autre de douze pieces intitulée *Opus Iacobi* encore plus rare. L'inquisition d'Hespagne, Antoine Tempeste, Capitelli, Iacquet Marts. de Ionghe, Marcus Fiducius, Albert Durer, Lucas de Leyde, Edoüard Egman, Georges Volant, Marius, Cartarius, Ioannes

Zenoni, Nicolo Nelli, & plus de quarante autres, dont il sera amplement parlé dans l'Histoire proposée. Ce Livre contient 805. pieces.

CVIII.

Les Ordres Religieux sont distribuez en cinq grands Volumes, le premier desquels est des Benedictins, des Cisterciens, des Camadolles, des Celestins & des Grammontains, contenant 500. pieces de divers Maistres, dont le nombre est grand.

CIX.

Le Livre des Augustins, des Chanoines Reguliers, des Prémontrez, des Maturins, de la Merci, de la Charité, de S. Antoine, & des Iacobins ou Dominicains, contenant 700. pieces de divers Maistres, comme le precedent, dont le denombrement seroit troplong.

CX.

Le Livre des Chartreux, des Minimes, des Iesuistes, des Theatins & des Carmes, contenant 499. pieces de divers Maistres comme les precedents, où il y en a de tres-curieuses & de tres-rares.

CXI.

Le Livre de l'Ordre de S. François, contenant 478. pieces de divers Maistres comme les precedents, où il y en a qui se trouveroient difficilement ailleurs.

CXII.

Le Livre des Anachoretes, de l'Oratoire, de S.

de S. Charles, de S. François de Sales, apres plusieurs Imges de S. Antoine, & de S. Ierosme, où sont les Hermites de Sadeler & de Bloëmart, le tout de 861. pieces de divers Maîtres, comme les precedents.

CXIII.

Les Theses d'Italie, & de quelques autres lieux de divers Maistres, dont voicy quelques noms : Christophorus Blancus Lotharingus, Theodorus Ioannes Van Berlen, C. B. Anglus, Matthieu Greuter, Innocentius Martini, le Chevalier Burghese, Claude Dervet, Franciscus Septius, Antoine Pomerange, Balthasar Cruceus Bononiensis, Henricus Vvendelstein, André d'Ancosne, Simon Bartholus, Ioseph Matthieu & Iean Frideric Greuter, Pietre de Cortonne, Andreas Camasteus, Ferrau Fenzonius Faentinus, Iacobus Majus, Iean Lanfranc, Simon Vouët, Ioseppin, Antoine Tempeste, Iean Antoine Lelius, Iaques Stella, Il Valesio, Cæsar Augustus Ferrariensis, Lucas Ciamberlanus Vrbinatensis, Theodorus Creuger, Valerianus Regnartius, I. Troschel, Christianus de Sas, Camillus Cungius, Remigius, Nicolaus Cressius, Oliverius Gattus Placentinus, Annibal Castellus, Louys Carrache, Claude Mellan, Raphaël Guidi, Anastasio Fattebuono, Oratio Bruni, Franciscus Rusticus, Il Coriolano, Paulus Blancus Mediolanensis, Cæsar Bassanus, Iacobus

Laurus, Nicolaus Perrey, Bernardinus Capitelli, Paulus Gismundus Perruginus, Andreas Sabinentius Bononiensis, Andreas Camasius, Charles Comte Marcian, A. Vander Does, Marius Paradisus, Ferrando Bertelli, Giovanni Florimi, Pieter Nolpe, Pietter Potter, Augustinus Parisinus, Henricus Van Schoel, Florius Macchius, Francesco Bricci, P. Ricohole, Ranutio Prata, Sebastien Ienet de Vienne, Bironius, Corneille Blomar, le Chevalier Raphaël Vanius, Petrus Danoot, Antonius Sallarts, Laurentius Vaccarius, Ioannes de Doetecun, Sebastien Vranck, Schelde de Bolsvvert, Abr. Diepembeck, Vischem, Iean de la Cerise, Thomas Cocksonus, &c. le tout au nombre de 465.

CXIV. IMAGES MIRACVLEVSES.

Où sont encore adjoûtées plusieurs autres Images de la Vierge de divers Maistres, dont les noms s'ensuivent; pour les Images Miraculeuses, Ioannes Bartholomeus Kilianus, Ant. Tempeste, Iaques Calot, G. Ladame, Iean de Mabuse, Dominicus Parasaccus, Horatio Turriani, Philippe Thomassin, Pompeo Aquilano, Thomas de Leu, Adam Phelippon, Iean Valdor, Adrian Collart, Leonard Gaultier, Fr. Chauveau, Iean Bapt. de Cavaleriis, Corn. Bloemar, Iean Miele, Iacobus Laurus Romanus, Ant. Iaffreri, I. Sadeler, D. T. Guido Rheni, Lucas Vostreman, Mich. Agnolo

Caravagio, Oliviero Gatti, Hyppolito Scalza Orvietano, Corneille Galle, Callisto Ferranté, Fulgentius Gritius, Andrea Vaccario, Laurentius Vaccarius, Baptiste Franc, André del Sarte, Luca Bertelli, Ioseph Greuter, Hiacinthus Geminianus, Iacobus de la Porta, Gio Burnacini, Camille Porcacin, Boëce de Bolſvvert, Alexandre Voet, I. Bapt. Paſcalin, Fr. Langot, Corn. Galle le jeune, Pierre de Iode, Raphaël Sadeler, Io. Franciſcus Motitianus, Vv. Hollar, Abraham Diepembeck, Theodore Galle, Louys Spirinx, Gregoire Huret, Criſpiaen Vanden Broeck, Sebaſtien Vouïllemont, Ant. Salamanque, Adam Mantuanus, Aug. Carrache, Charles Sarraſin, Pierre Ianſens, Martin Vanden Enden, Balthaſar Moncornet, Barthelemi Spranger, Andrea Boſcoli, Iules Goltzius: Iean Boulanger, Iean Bapt. Barbé, Michel Snyders, Abr. Boſſe, Edme Moreau, Iean Couvai, Dominico Falcini, Mich. l'Aſne, Hans van Luyck, Fabricius Boſcius, Iean Biliver, Bonaventura Biſius, Petrus Valentinus Capucinus, Bernardus Caſtellus, Troyen, Claude Saveri, G. Hedelinck, Ant. Vvirix, Cl. Melan, Petrus Clouët, Abr. Van Merlen, Michel Natalis, Iean Eſtienne l'Aſne, Bruneleſchi, Thomas Bruneleſchi, Thomas Belot, Natalis Bonifacius Sibenicenſis, Ludovico Capponi, Hercolo Magliolo, & pluſieurs autres pour les

CATALOGVE

Images de la Vierge qui ne font pas miracu-
leufes, au nombre en tout de 569.

CXV.

Iardins & Fontaines de divers Maiſtres
dont le nombre eſt grand, 828.

CXVI. CXVII. CXVIII.

Trois Volumes d'Armoyries diverſes,
deux grands & un petit; le 1. de 1163. le ſecond
de 976. le 3. de 289. de divers Maiſtres ſous
la conduitte du Sr. de Valles, de Marc de
Vulſon, de la Colombiere, de Pierre d'Ho-
ſier, de Louys Odeſpunck de la Meſchinie-
re, d'Oronce Finé de Brianville, Abbé de
Quincé, de Mr. l'Abbé le Laboureur, de
Meſſieurs de Ste Marthe, d'André du
Cheſne, de Mr. de Gagnerres, du Sr. Calot
Herault d'Armes de Loraine, & Maigret,
d'Antonio Boſio, par divers Maiſtres, dont
le nombre eſt grand, en tout 2428. pieces.

CXIX.

Vn grand Livre de Palais, Villes, Baſti-
mens Magnifiques & Places d'importances,
contenant 427. pieces de plus de cent Maîtres differents & de divers païs, dont le denombrement ſe verra dans l'Hiſtoire propo-
ſée, avec les noms d'un grand nombre d'Architectes fameux, tels que Michel Ange, le
Bramante, Pietro Ferrerio, Hieronimo
Raïnaldi, Giacomo de la Porta, Martino
Lunghi, Baldazare Perucci, Antonio da
Sangalo, Bartholomeo Amanati, Gio. Batta Mutti, Domenico Paganelli, Pietro

DE LIVRES D'ESTAMPES. 53

Ligerio, Raphaele Sancio, Domenico Fontana, Giacomo del Duca Siciliano, Anibale Lippi, Giacomo Barrozio da Vignola, Gio Lorenzo Bernini.

CXX.

Grand Livre de Cartes de Lieux & de Places fortes, à la main, de divers Maistres, & entre-autres, de Maupin, I. Besnier, Iaques de Ghein, Melchior Tavernier, Iean Baptiste Vrins, Daniel Cletcher, Francesco Cecchi, Nicolas Cochin, Beaulieu Ingenieur du Roy, Estienne la Belle, Salomon Saveri, Israël Sylvestre, Iean Lhuillier. Là, est le Plan de la Ville de Paris, dés le temps de Louys XII. contenant en tout 238. pieces.

CXXI.

Vn grand Livre de Pompes Funebres, de Catafalques, de Tombeaux & d'Epitaphes de divers Maistres & entre-autres Io. Batta Falda, Iaq. Callot, Pierre Gentil Pamfili, Mich. Ange, Hieronimus Raïnaldus, Antonio Gerardi, Andræas Cararius Foroliviensis, Ioannes Majus, Marcus Antonius Magnus, Henry de Caiser, Cæsare Fottana, Valerianus Regnartius, Horatio Torriani, Ambrosius Brambilla, Iacobus Laurus, Io. Bapt. de Cavalleriis, Cesare Bassano, Iean Leon Raïnalde dit Tolomée, Iodocus Hondius, Fridericus Brentel, Claudius de la Ruelle, Henricus Hondius, Alessandro Ronce, Pierre du Bois, Iaques

C iij

le Mercier, Antoine Salarts, Iacobus Picinus Venetus, Claude Perreau Parisien, I. Blanchet, Corn. Galle, Iaques Franquart, Vv. Hollar, Samuël Hooccirarin, Diego Lopez, Bastiano Fulli, Matth. Greuter, N. Blasset, I. Venstraden, Iaques Androüet du Cerceau. Il y en a encore plusieurs desinées à la main, à la plume, & en crayon, en tout 563.

CXXII.

Vn grand Liure de Vaisseaux & de Navires de Guerre & pieces Maritimes, où sont adjoutez à la fin des Portraits de Princes à Cheval de divers Maistres, les Vaisseaux de Corn. Galle, Martin de Vos, I. Van Velde, Antonio Francesco Lucini, Mattheo Perez d'Alecio, Domenico Zenoi, P. Gerard de Iode, Iacobus Vvill. Bauur, Hier. Cock, Daniel Rabel, Isac Briot, Iean Boisseau, Nic. Berey, Ph. Galle, H. Haudius, C. Vischer, Iacobus Daniez, I. Mauper, Corn. Svvaneburg, P. Vander Doort, P. Ihuillier, Nic. Clock, S. Saveri, Guill. Iansenius, Hier. Vroom de Harlem, R. Zeeman, Ioannes Remires, Pieter Nolpe, Clement de Ionghe, Io. Bap. de Cavalleriis, Adr. Vanuer, Iuste Sadeler, Corelis Danckers, Lambertus Corneli, Guill. Barentson, R. de Baudouz, Iaq. Callot, &c. Pour les Portraits à cheval, Ant. Tempeste, Fr. Chauveau, Giles Sadeler, Iuseppe de Rivera, Guill. Hondius, Rombout Vanden

Hoeye, Thomas Picquet, Iacobus de Heiden, Crispin de Passe, Baltazar Flissier, Bernard pere & fils, Hier. David, Francesco Curti, Abraham Hoggenberg, Iean Grandhome, Antoine Vander Does, Lucas de Leyde, G. Koler, Ioachim Sandrart, &c. en tout 535. pieces.

CXXIII.

Livre de Vases, où sont sur la fin des Moresques & des Ornemens de Frises de divers Maistres; pour les Vases, Horatius Scopa Neapolitanus, B. Z. en 1581. Georissin, Vv. Hollar, Maistre Roux, I. Picard, Cherubin Albert, Estienne la Belle, Iules Bonasone, Corneille Flore, Eneas Vicus de Parme, Corneille Cort, Augustin Venitien, Iean le Postre, Franciscus Vanden Vingaerde, Iean Marot, D. Boutemie, H. Holbeins, Rubens, Henry Vande Borcht, P. Biard, I. Damerii, Iaques Androuët du Cerceau, Andreas Andreatius, Antonius Gentilis Faentinus, Charles Erard, Iaques Stella, Claudine Stella, Iean Dunstall. Guill. Deff. N. de Bruyn, Iean Saveri, H. Hondius, C. Visscher, I. Royer, Iacomo Laurentiani, Iean Theodore de Bry, Iacobus Kempener, Marc Sadeler, Polydore. Il y a des Vases dessinez à la main. Pour les ornements & moresques, il y en a d'Augustin Venitien, de Hier. Cock, Cæsar Dom, Petrus Antonius Priscus, Petrus l'Eveillé, Agostino Mitelli, Ioannes Gozandi-

C iiij

nus, Ant. Tempeste, Ludovicus Scalzi, Adam Phelippon, Iean & François de Gourmont, Odoard Fialetti, Francisque, Ant. Pierrets, Marco Angelo, Theodorus Baig de Nurenberg, Lucas Ciamberlanus, René Guerineau, Iean Barra, Theod. Galle, Fr. Bignon, I. Fuller, Mich. Mosin, François Danck, Iean Vreedman Vriese, &c. en tout 1122. pieces.

CXXIV.

Lettres Antiques & Modernes de l'Alphabeth, avec des Vignettes & Fleurons d'Imprimerie, & quelques Escritures diverses, de divers Maistres, dont les noms de la pluspart sont ignorez, pour 1100. pieces.

CXXV.

Livre de Frises, pieces & ornements d'Architecture, contenant aussi des Ruines & bas reliefs antiques, des Figures d'Exercices Militaires & de Massacres, de divers Maistres, Odoardo Fialetti, Pamphilo Zancarli, Pierre Brebiette, Louys Ferdinand, Laurent Tettelin, Bernardino Capitelli, Francesco Fauelli Fiorentino, Guillaume Delff, Adrian Matham, Theodore Filippe Neapolitain, Bonaventura Pistofilo Nobile Ferrarese, Iaques de Ghein, &c. en tout 984. pieces.

CXXVI.

Pieces Emblematiques ridicules, au nombre de 948. de divers Maistres, dont le nombre est grand, de toutes les nations, puis qu'il y en a plus de cent.

CXXVII.

Livre de pieces de Bouffonneries de l'invention de divers Maiſtres de Paris, quelques-uns deſquels ſe ſont permis vn peu trop de licence pour divertir le peuple, pendant que l'on portoit la Guerre dans les païs eſtrangers, dont ils ont fait ſouvent d'aſſez mauvaiſes railleries, leſquelles ne laiſſent pourtant pas de ſervir aux connoiſſances de l'Hiſtoire du temps, celles-cy au nombre de 561.

CXXVIII.

Autres Bouffonneries populaires de divers Maiſtres, comme le Livre precedent, avec des deſſeins & crayons des Songes de Pentagruel, & pluſieurs pieces de Minoterie, en tout 1200.

CXXIX. juſques à CXLI.

Douze Volumes de pieces Emblematiques de divers Maiſtres, c'eſt à dire de figures repreſentant les Vertus, les Vices, les Heures, les Iours, les Mois, les Saiſons, les Siecles, les Elements, les quatre parties du Monde, les Aages de l'homme, ſes quatre tins, les Vents, les Planettes, les humeurs corporelles, les cinq Sens de Nature, les Fleuves, les Fontaines, les Muſes, les diverſes inclinations de l'Eſprit, les Commandeméts de Dieu, les Sacrements, les Articles du Simbole, les petitions de l'Oraiſon Dominicale, les œuvres de Miſericorde, les Loix humaines & divines, les Monarchies, les facultez de l'Ame, les qualitez des Princes, & autres choses semblables; le premier Volume de 190. le second de 376. le troisiéme de 677. le quatriesme de 365. le cinquiesme de 600. le sixiesme de 136. le septiesme de 543. le huictiesme de 830. le neufviesme de 351. le dixiesme de 1035. l'onziesme de 426. le douziesme de 507. en tout 6036. pieces.

CXLII. jusques à CLII.

Onze Livres de Figures de la Bible, de l'Ancien & du Nouveau Testament, d'Images de la Vierge & de nostre Seigneur, & d'Histoires Sainctes, de divers Maistres, dont le nombre est grand, le premier Volume de 1222. le second de 765. le troisiesme de 393. le quatriesme de 255. le cinquiesme de 427. le sixiesme de 296. le septiéme de 256. le huictiesme de 509. le neufiesme de 123. le dixiesme de 259. & l'onziesme de 252. en tout 4757.

CLIII. CLIV. CLV.

Trois Livres d'Animaux, de Bestes, d'Oiseaux, de Poissons & d'insectes, où sont aussi les chasses de Stradan & de Tempeste, avec des crayons dans le 3. Tome de divers Maîtres, le premier contenant 767. pieces, le second 1046. le troisiesme 1198. en tout 3011. pieces.

CLVI.

Les Fables des Metamorphoses de François G.ein, de Henry Goltzius, & Antoine

Tempeste, & de quelques autres, en 286. pieces.

CLVII.

Les Figures de Philoſtrate, & celles de feu Mr. Favereau Conſeiller de la Cour des Aydes pour le Livre du Temple des Muſes, au nombre de 152.

CLVIII.

Portraits de Papes & de Cardinaux, 836. de divers Maiſtres.

CLIX.

Statuës & Portraits antiques apres les Medailles des Conſuls, des Empereurs & de Roys, & en ſuitte des Comtes de Flandres, de Tirol, de Hollande, de Friſe, de Toloſe, &c. par divers Maiſtres, en 932. pieces.

CLX.

Les Empereurs de la Maiſon d'Autriche, & les Comtes de Hollande de Pierre Soutman & de Corneille Viſſcher, en 52. pieces.

CLXI. CLXII.

La Gallerie Iuſtiniane en deux Tomes bien reliez, contenant tous les deux, 322. pieces de divers Maiſtres.

CLXIII.

Statuës de la meſme Gallerie Iuſtiniane, 142. pieces.

CLXIV.

Livre de Fleurs de divers Maiſtres, contenant 248. pieces.

CLXV.

Portraits de gens de lettres de divers Maiſtres, 559.

CLXVI.

Ruines antiques de Hierofme Cock, celles de Henry de Cleves, de Suvvanevelt, de Louys Scalzi, de Nieulant & de Giles Sadeler, en 355. pieces.

CLXVII.

Livre de diverses pieces concernant les Arts Liberaux & Mecaniques, dont la plus-part sont sans nom d'Autheurs, mais beaucoup aussi, où leurs noms sont marquez, tels que la Rouliere Ma.herbe, Francesco Biancarli, Paul de la Hove, Phil. d'Aquin, Ioannes Blancus, Andræas Baccius, Iaques Cossart, Christofle de Savigny, Christophorus Helvicus, Iacobus Philippus Binius, Iean Renaud, Dom Pierre de Ste. Marie Feuillan, Iaques Nivelle Chanoine de Troye, Ambroise Bram, Rousseville, Pompée Targon, Adamus Vviebe d'Arlinghen, I. Bapt. Groschedel de Aicha, Alexandre Ian, Ianus Gringalet de Genes, Iean Corneille Vvoudemans, Carlo Vrbini, Dom Gilain de la Ruë Benedictin, Michael Florentius Langrenus, Gregorio Giordani da Venetia, Nicolas Sanson, Melchior Tavernier, Ioannes Hoggenbergius, Hanzelet Lorrain, Theodore Galle, Isaac Harbrech, Conrad Dasipodius, David de Vvalchestin, Tobie Stimmer, Domenico Paolo Tozzi, Gio. Maria Tamburini, Iean Stradan, Niet Sonder, & Gironimo Finugio, En tout 334. pieces.

CLXVIII.

Vn Livre de Broderie, Dentelles, Moresques & Compartiments, de Batta di Pietra Sancta, I. Berey, P. I. Bulant, Iean Gazodin de Bologne, Edoüart Pearce, François Clein, Elisabetha Catanea Parasolé Romana, Bartholomeo Danieli Bolognesé, Iean Vrcedman Vriese, Adam Phelippon, Pierre l'Evesvillé d'Orleans, Michel Dentisler, Iean Ostans, Iohann Halneren, L. Ianson, Ioannes Andrea Malleolus, Abrahamus Hockius, B. Bondol, Balthazar Sylvivi, Vander Dietterlin. Là, est le Massacre des Huguenots à la S. Barthelemi, en tout 669. pieces.

CLXIX.

Les Figures pour les Poësies d'Homere, & de Virgile, où l'on en a joint plusieurs autres de divers Maistres, tels que Nicolo, Annibal Carrache, Maistre Roux Florentin, Antonio Maria Magnano, Fr. Chauveau, Pierre Lombard, François Clein, Guillaume Faitorne, Vv. Hollar, P. Richer pour le Virgile d'Angleterre, le tout en 320. pieces.

CLXX.

Les Portraits des Comtes de Flandres, des Ducs de Brabant, des Roys de Portugal, & l'Histoire de François I. & de Charles V. & autres figures, en 362. pieces.

CLXXI.

Les Portraits des Plenipotentiaires pour

la Paix de Vrevins & pour celle de Munster, de divers Maistres, en 188. pieces.

CLXXII.

Portraits des Ducs de Venise, de Milan, de Ferrare, de Mantouë, & autres Princes d'Italie, de divers Maistres, contenant 295. pieces.

CLXXIII.

Livre de Portraits de Peintres, Graveurs & Sculpteurs, de divers Maistres, dont le nombre est grand, en 335. pieces.

CLXXIV.

Portraits des Medecins & des Iurisconsultes, de divers Maistres, au nombre de 300.

CLXXV.

Livre de la Maison d'Autriche, qui sont les Portraits des Princes de cette Maison, de divers Maistres, au nombre de 413. pieces.

CLXXVI.

Figures de l'Entrée du Cardinal Infant, 49. pieces.

CLXXVII.

Portraits des Othomans & autres Turcs, de divers Maistres, où sont aussi joints les Portraits d'André Thevet, au nombre de 325.

CLXXVIII.

Figures de la Bible, en bois, de Guill. le Bé, & de quelques autres, 266. pieces.

CLXXIX

Livre de Thermes, Chapiteaux & autres

pieces d'Architecture, d'Antonio Labacco, Augustin Venitien, Corneille Buz, Hugues Sambin de Dijon, Ierosme Hopfer, René Boyvin d'Anjou, Edvvard Pearce, & autres, contenant 275. pieces.

CLXXX.

Livre de Fortifications & d'autres pieces d'Architecture de Girolamo Portigiani Fiorentino, Gio. Batta Negro, Claude de Chastillon, Nicolas de Son, Simon Maupin, Hollar, Iean Van Vvcht, Hierosme David, le Bramante, Iean Londerzel, François Vanden Steen, Corn. Hocgeest, B. Van Basson, Iean Corneille Vischer, Iean Boudet, Laurentius Strauch, Dominique Barriere, Toria, Claude Saveri, Henri Hondius, Iean Vredeman de Vriese, en tout 230. pieces.

CLXXXI.

L'Angleterre & l'Escosse, contenant 463. pieces.

CLXXXII.

Savoye & Florence, où sont des pieces rares & curieuses de Iaques Callot, le tout au nombre de 196.

CLXXXIII.

La Maison de Nassau, de divers Maistres, contenant 120. pieces.

CLXXXIV.

Livre d'Orfebvrie, de divers Maistres, H. Iassen, Nicolas Druse, Pierre Simoni, Isaac Brun, Gedeon l'Egaré, Blockon,

I. Brun, Henry le Roy, Iaques Franquart, Antoine Iacquart, Balthazar Monconet, A. P. Daniel Mignot, Hans Collart, Banq, Iaques Androüet du Cerceau, I. V. Theodore de B.y, Michel le Blon, Philippe Millot, Abrahamus Heckius, Michel Gruntler Van Steier, Pierre Nilon, Hans Honfel Van Sagan, Iaques Hurtu, Iean de Bull, Ioannes Morien, Ioannes Vovertus, Thier Buechlein, Iaques Beyhler, Georgius Herman, Stephani Filius, Stephanus, Noël Rouliard, B. Nochon, Corneille Buz, P. Vvoveriot, Estienne de Losne, Virgilius Solis, Paulus Gontich, Ierg. Arnoldt, André Manteigne, Venceslas Hollar, Francesco Primaticio, Polydore Caravage, Cherubin Albert, Marcus Geraets, Estienne la Belle, Gio. Andrea Maglioli Neapolitano, Iean Toutin de Chasteaudun, Corneile Flore, Maturin Berton, & autres, contenant 1085. pieces.

CLXXXV.

Livre de Cartouches & pieces d'Orfebvrie & de Broderie de divers Maistres, Agostino Metelli, Estienne la Belle, Bernardus Castellus, Camillus Cungius, Iean & Iaques Lutma, Iean le Potre, Michel Mosin, Hans Liefring, Herman Muller, Isaac Flore, Ierosme Cock, François Danex, Pierre Firens, Iean Sterter, Henry Ianssen, Isaac Briot, Hans Holbeins, Vvenceslas Hollar, Iulio Romano, Henry Vander

Borcht, Pierre Vvoveriot, Iaques Androüet, du Cerceau, Theodore de Bry, Roux Florentin, Gedeon Legaré, Eneas Vicus, Michel le Blon, & autres, contenant 730. pieces.

CLXXXVI.

Livre de Portraits & Capitaines debout de divers Maiſtres contenant 273. pieces.

CLXXXVII. CLXXXVIII.

Deux Tomes de Figures Antiques de Rome, de divers Maiſtres, le premier Tome en contenant 98. & le ſecond Tome 130. en tout 228. pieces.

CLXXXIX.

Portraits des Perſonnages Illuſtres des premiers ſiecles, de divers Maiſtres, en 255. pieces.

CXC.

Livre de Machines & de Fontaines de Iaques Beſſon Daulfinois, Giovanni Maggi Romano, I. Barbet, Antoine Fierets & autres, en 177. pieces.

CXCI.

Portraits de Rois & Princes de France de divers Maiſtres, 219.

CXCII.

Architecture en bois de divers Maiſtres, contenant 142. pieces.

CXCIII.

Autre Livre d'Architecture d'Alexandre Francine, Boſſe, & autres, 211. pieces.

CXCIV.

Lettres, Eſcritures, Hierogliſiques &

pieces meslées, en bois, de divers Maistres, contenant 142. pieces.

CXCV.

Livre de jeux de hazart & de Cartes instructives de divers Maistres, contenant 227. pieces.

CXCVI.

Pieces meslées de Henry Hondius & de Nicolas de Bruyn, en tout 137.

CXCVII.

Commencements de Livres, dont la plus-part ont esté recueillis par le R.P. Henry de Harlai de l'Oratoire, & par quelques autres, au nombre de 175.

CXCVIII.

Pieces meslées de Silvestre le Postre & Perelle, au nombre de 554.

CXCIX.

Livre de Machines de Simon de Caux, contenant 82. pieces.

CC.

Livre de l'Entrée du Roy dans Paris en l'année 1662. par M. Tronson, contenant 23. Figures.

CCI. CCII. CCIII. CCIV.

Sept Tomes de pieces doubles & triples de reste de divers Maistres, le premier contenant 109. le second 311. le troisiesme 311. le quatriesme en plus petit volume que les autres 647. le cinquiesme 181. le sixiesme 362. le septiesme 288. en tout 2208. pieces.

CCVIII. jusques à CCXXXVII.

Trente volumes de desseins à la plume & de crayons, le premier de 1062. le second de 463. le troisiesme de 346. le quatriesme de 426. le cinquiesme de 857. le sixiesme de 169. le septiesme de 230. le huictiesme de 301. le neufviesme de 417. le dixiesme de 150. l'onziesme de 268. le dousiesme 194. le tresiesme de 100. le quatorziesme de 93. le quinziesme de 163. le seisiesme de 59. le dix-septiesme de 268. le dixhuictiesme de 496. le dixneufviesme de 127. le vingtiesme de 262. le vingt & vniesme de 444. le vingt-deuxiesme de 311. le vingt-troisiesme de 433. le vingt-quatriesme de 306. le vingt-cinquiéne de 458. le vingt-sixiesme de 332. le vingt-septiesme de 448. le vingt-huictiesme de 325. le vingt-neufiesme de 868. le trentiesme de 200. en tout pour les crayons 10576. Et pour toutes les pieces du Recüeil, cent onze mille quatre cent vingt quatre.

Ce Catalogue n'a pas marqué tous les noms des Maistres qui ont travaillé aux pieces dont il fait le denombrement. On reserve à dire dans l'Histoire des Peintres & des Graveurs, ce que chacun d'eux a fait non seulement icy, mais encore dans toutes les pieces que nous avons eües, lesquelles sont dans la Bibliotheque du Roy, ou que nous avons vües dans les Cabinets des Curieux. L'Ouvrage à la verité en sera vn peu long, mais la Description en sera exacte, autant que divertissante. Il est tout prest, & celuy ou ceux de Messieurs les Libraires qui voudront se charger de son Edition, n'auront plus qu'à se donner la peine de nous le demāder. Cependant, ce second Recueil que nous avons fait ne sera pas inutile, si l'on en veut profiter, pour enrichir mesmes les Cabinets des plus grands Princes de ces sortes de Curiositez, qui ont tant de charmes pour se faire aymer, quand ce ne seroit que pour servir à l'education, & aux plaisirs innocents des Enfans de grande qualité, qui d'ordinaire ont par avāce un si grand desir de voir les beaux objets qui s'y mōtrent avec tant de diversité, parce qu'en effet rien ne peut réioüir d'avantage la tēdresse de leur imagination, ne contribuant pas peu à cultiver leur memoire, & à former leur jugement.

Au reste, personne jusques icy n'a traité de cette matiere, & ceux qui ont escrit ou qui escrivent encore aujourd'huy avec tant de soin parmi nous, des discours si elegans & si polis au sujet de la Peinture, & des Ouvrages des Peintres fameux, n'ont point fait d'Histoires des Estampes, depuis que l'invention en fût trouvée i. y a pres de deux siecles entiers, ils n'ont point parlé de tous les Maistres qui s'y sont appliquez avec reputation, quoi que tant d'honnestes gens l'eussent desiré. C'est donc ce que nous avons essayé de faire avec toute l'application dont nous avons esté capable, où peu de personnes, sans doute, eussent voulu employer autant de temps & de loisir que nous avons fait. Ainsi l'Ouvrage sera nouveau comme il est Original, & je souhaite qu'il profite & qu'il soit agreable au Public.

ON ne fait pas vne égale consideration de tous les Livres qui composent cette sorte de Bibliotheque que ie pourrois appeller *Imaginaire*, si ie voulois faire allusion à son sujet, par le grand nombre des Images dont elle est formée : Cela ne seroit pas juste, & quand un tiers de ses Volumes en seroit osté, quelques bôs qu'il soient en leur genre, le prix des autres, à l'egard du total, n'en seroit pas diminué, tant il y a de raison de marquer en cela précisement l'estime qu'il faut faire de leur valeur. Et certes, cinquante mille pieces bien choisies des œuvres des grands Maîtres compencent tout le reste. Si bien qu'on pourroit appeller une sur-abondance, ce qui ne seroit pas de cette qualité, bien qu'il en perfectionne le nombre, aussi bien que le dessein qu'on en a conçeu. Il y a beaucoup de difference; par exemple, entre les belles pieces d'Albert Durer, de Lucas de Leyde, de Marc Antoine de Bologne, de François de Parme, de Titien, de Poussin, de Pietre de Cortone, & des autres qui se sont acquis le plus de reputation, & celles qu'on a conservées seulement pour leur antiquité, comme celles de Benedette Montagne, d'Israël Van Meck, de Martin le Thudesque & de Lambrect Hopfer.

 On sçait bien que les Portraits de Giles Sadeler, de Henry Goltzius, de Pierre Paul Rubens, d'Antoine Vandick, de Michel Mireveld, de Suiderhoef, de Vischer, de Rhinbrand, de Lucas Kilian, des trois Carraches, de Claude Mellan, de Robert Nanteuïl, & de tous nos autres bons Maistres, sont preferables à ceux de Paul Rouxel, de Iaspar Isaac, de Balthazar Moncornet, & de François de la Roussiere. Cependant rien n'est à mespriser, & chaque chose vaut son prix, estant bien conditionnée, & sur tout quand elle est bien mise en son lieu.

Ce Recueil contient asseurement plus de quinze mille de ses Portraits de divers Maistres, dont le denombrement seroit si long, que ie m'abstiendrai de le faire icy, où il ne faut pas neantmoins oublier les noms d'Aldegrave, de Georges Pents, d'Holbeins & d'Hisbens, de Titien, de Bonasone, des Carraches, de George Mantuan, d'Eneas Vicus, de Martin Rota, du Bandinel, d'Antoine Tempeste, de Villamene, de Hondius, de Corneille Galle, des deux Mathams, de Paulus Pontius, de Pietre de Iode, de Iaques Callot, de Philippe Champagne, de Iean Morin, de Michel l'Asne, de Gregoire Huret, de Thomas de Leu, de Leonard Gaultier, de Nicolas Mignard, de Ferdinand & de Bourdon, sans parler de ceux qui sont encor vivants, tels que Charles le Brun, Pierre Mignard, Gilbert Seve,

Nicolas Loir, Antoine Paillet, le Febvre, Vaïllant, qui sont des Peintres si fameux, apres lesquels ont encore si heureusement gravé Giles Rousselet, Abraham Bosse, François Chauveau, Estienne Picard, Guillaume Vallet, Antoine Masson, François Spierre, les deux Poillis, les deux Audrans, Pierre Lombart, Iean Boulanger, Pierre Vanscupen, Pierre Daret, l'Enfant, Landri, Guillaume Chasteau, & quelques autres dont il sera fait mention en leur lieu.

FIN.

www.ingramcontent.com/pod-product-compliance
Lightning Source LLC
LaVergne TN
LVHW050621090426
835512LV00008B/1603